선사시대부터 현대사까지 흐름 꿰뚫기

초등
한국사 7

근현대 1 : 개화기

1차시 외세의 침략

2차시 조선의 개항

3차시 대한제국

4차시 근대 문물의 수용

공부한 달 :   년   월

초등 한국사

〈7호 수업안내문 | 개화기〉

제목	학습목표	학습내용
1차시 외세의 침략	· 흥선대원군의 개혁 정책과 통상 수교 거부 정책이 무엇인지 이해한다. · 외세의 침입과 이를 이겨낸 조상들의 노력을 이해한다.	01 이양선의 등장 02 흥선대원군의 정치 03 병인양요(1866) 04 신미양요(1871)
2차시 조선의 개항	· 강화도 조약과 개화 정책의 추진 과정을 이해한다. · 임오군란, 갑신정변이 일어난 까닭과 결과에 대해 이해한다.	01 강화도 조약(1876) 02 개화 정책의 추진 03 임오군란(1882) 04 3일천하 갑신정변(1884)
3차시 대한제국	· 동학 농민 운동이 일어난 배경과 그 전개 과정을 이해한다. · 갑오개혁의 실시 배경 및 그 내용을 이해한다. · 대한제국이 조선을 근대 국가로 만들기 위해 실시한 개혁 정책을 이해한다.	01 동학 농민 운동과 청일전쟁(1894) 02 갑오개혁(1894) 03 독립협회(1896) 04 대한제국 선포(1897)
4차시 근대 문물의 수용	· 개화기 근대 문물의 수용이 가져온 일상 생활의 변화 모습을 이해한다.	01 의식주의 변화 02 전기와 전화의 도입 03 전차와 기차의 도입 04 근대 교육의 도입

이 달에 배우는 한국사 연표

1863 고종즉위(흥선대원군 집권)	**1865 (~1872)** 경복궁 중건	**1866** 병인박해, 병인양요	**1871** 신미양요	**1875** 운요호 사건	**1876** 강화도 조약

1876 수신사 파견	**1881** 조사시찰단 및 영선사 파견	**1882** 임오군란	**1883** 원산학사 설립	**1884** 갑신정변	**1885** 광혜원 설립	**1887** 전기 들어옴

1894 동학농민운동/청일전쟁/갑오개혁	**1895** 을미사변/단발령 선포	**1896** 아관파천/독립협회 결성	**1897** 대한제국 선포	**1899** 경인선 개통

1 외세의 침략

학습목표

• 흥선대원군의 개혁 정책과 통상 수교 거부 정책이 무엇인지 이해한다.
• 외세의 침입과 이를 이겨낸 조상들의 노력을 이해한다.

학습내용

공부하고 스스로 평가하기

○ 19세기 조선의 바다에 왜 이양선이 많이 나타났는지 말할 수 있어요. ☆☆☆☆☆

○ 흥선대원군이 왜 개혁 정치를 펼쳤는지 말할 수 있어요. ☆☆☆☆☆

○ 병인양요가 무엇인지 말할 수 있어요. ☆☆☆☆☆

○ 신미양요가 무엇인지 말할 수 있어요. ☆☆☆☆☆

조선이 세도 정치로 나라가 어지러울 무렵, 조선의 바다에 이양선이 많이 나타난 까닭을 알아봅시다.

이양선의 등장 – 통상 요구

조선 후기 세도 정치와 농민 봉기로 나라가 어지러울 무렵 조선의 바닷가에는 영국, 프랑스, 미국, 러시아 등 서양 배들이 자주 나타났다. 이러한 서양 배들은 조선 배와 모양이 다르다고 하여 이양선이라 불렀다. 당시 서양의 힘센 국가들은 자기 나라 물건을 팔 수 있는 시장을 찾아 아프리카, 아시아로 세력을 확대해 가고 있어서 동양에 관심이 많았다. 그 즈음 청나라가 영국, 프랑스와의 전쟁에서 패배한 후 서양과 통상 조약을 맺었고, 일본이 미국한테 강제로 개항당했다는 소식이 전해지면서 조선 사람들은 불안해하고 있었다. 조선의 바다 곳곳에 이양선이 등장하면서 불안감은 한층 더 커졌다.

고종 즉위(1863) –고종의 아버지 흥선대원군 집권

이런 상황에서 철종이 죽고 고종이 왕위에 올랐다. 고종이 12살의 어린 나이라 아버지인 흥선대원군이 대신 나라를 다스렸다. 흥선대원군은 세도 정치로 기울어져 가는 조선을 되살리기 위해 안으로는 왕권 강화 정책을 실시하고, 밖으로는 서양 세력의 위협에 나라의 문을 굳게 닫는 통상 수교 거부 정책을 실시했다. 서양의 위협에 맞서려면 우리 힘을 키우는 것이 먼저라고 생각한 것이다. 흥선대원군의 통상 수교 거부 정책은 조선이 서양의 문물을 받아들이는

흥선대원군

것을 늦추어서 근대 국가로 나아가는 것을 더디게 만들었지만, 반대로 서양 세력이 조선을 강제로 식민지화하는 것을 막기 위한 정책이기도 했다.

조선 사람들은 서양의 배를 왜 이양선이라 불렀나요?

異 樣 船
다를 이 모양 양 배 선

2 19세기 조선의 바다에 나타난 이양
선들을 지도에서 세어 보세요. 모두
몇 척인가요?

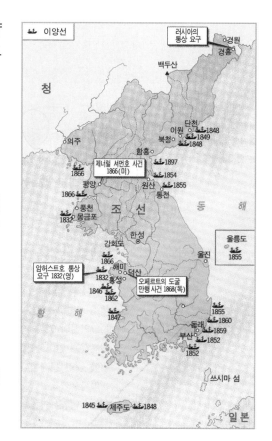

3 19세기 조선 바다에 이렇게 이양선
이 많이 나타난 까닭은 무엇인가요?

4 조선 사람들이 이양선을 보고 불안해
한 이유는 무엇인가요?

5 흥선대원군은 누구인가요? 왜 흥선대원군이 나라를 다스렸나요?

6 흥선대원군의 국내외 정책을 정리해 보세요.

나라 안 정책

나라 밖 정책

12살에 왕이 된 고종을 대신해 1863년부터 1873년까지 10년 동안 나라를 다스린 흥선대원군의 정치에 대해 알아봅시다.

흥선대원군의 개혁 정책 - 인재 등용, 서원 철폐, 호포제 실시

흥선대원군은 60여 년 동안 계속된 세도 정치로 무너진 왕권을 바로 세우고 백성들의 생활을 안정시키기 위해 개혁 정치를 펼쳤다.

인재 등용 먼저 세도 정치를 폈던 안동 김씨들을 내쫓고 다른 양반들 가운데 능력 있는 새로운 인재들을 관리로 고루 뽑았다.

서원 철폐 전국에 흩어져 있던 1000여 개의 서원을 47개만 남기고 모조리 없앴다. 서원은 원래 뛰어난 유학자들에게 제사를 올리며 유생들이 공부하는 곳이다. 그래서 세금도 내지 않았고 서원 관리 비용도 나라에서 다 대주었다. 이런 특혜 때문에 양반 가문들이 너도나도 서원을 지어 그 수가 1000여 개에 달했고, 그만큼 나라 재정을 어렵게 했다. 또 자기 서원 사람들끼리만 어울려 당쟁의 온상이 되었고, 제사를 지낸다는 이유로 백성들에게 세금을 걷는 등 횡포가 심해 백성들의 원성도 높았다.

호포제 실시 여태껏 세금을 면제받았던 양반들한테도 세금을 걷었다. 양반, 상민 구별 없이 집집마다 군포 대신 2냥씩 세금을 내게 했는데, 이것을 호포제라고 한다.

경복궁 중건(1865~1872)

흥선대원군은 무너진 왕실의 권위를 바로 세우기 위해 임진왜란 때 불타버린 경복궁을 다시 짓기 시작했다. 그러나 경복궁 공사에 많은 백성이 동원되었고, 경복궁을 짓는 데 필요한 돈을 마련하기 위해 새로운 세금을 거두고 상평통보의 100배 가치를 가진 당백전을 발행하면서 물가가 크게 올라 백성들의 원성을 샀다. 흥선대원군의 개혁 정치를 반기던 백성들도 흥선대원군의 경복궁 중건에 대해서는 원망 섞인 목소리를 낼 수밖에 없었다.

경복궁 타령

남문을 열고 파루를 치니 계명산천이 밝아온다.
(후렴 : 에~ 에헤이 에이야 얼럴럴거리고 방아로다.)
을축 사월 갑자일에 경복궁을 이룩하세.
도편수의 거동을 봐라 먹통을 들고서 갈팡질팡한다.
우리나라 여덟도 유명탄 돌은 경복궁 짓는 데 주춧돌 감이로다.
석수장이 거동을 봐라 방망치를 들고서 눈만 깜박한다.
우리나라 여덟도 좋은 나무는 경복궁 중건에 다 들어간다.
경복궁 역사가 언제나 끝나 그리던 부모처자를 만나볼까.

1 흥선대원군 개혁 정치의 목표는 무엇이었나요?

2 흥선대원군이 시행한 개혁 정책의 목표를 바르게 연결하세요.

인재 등용 •
서원 철폐 •
호포제 실시 •

• 양반에게도 세금을 부과해서 나라 재정을 튼튼히 하기 위하여

• 세도 정치를 뿌리뽑고 인재를 등용하여 나라를 발전시키기 위하여

• 나라 재정을 어렵게 하고 백성들한테 횡포를 부려서

3 서원이란 무엇인가요? 서원이 왜 당쟁의 근거지가 되었나요?

| **당쟁(黨**무리당 **爭**다툴쟁**)** : 정치적 견해를 달리하는 붕당 간의 대립을 일컫는 말

4 흥선대원군은 왜 경복궁을 다시 지었을까요? 또 당백전을 발행한 이유는 무엇인가요?

경복궁 중건 이유

당백전 발행 이유

5 흥선대원군의 개혁 정책에 대한 반응은 신분에 따라 어떻게 달랐을까요?

신 분	양 반	평 민
서원 철폐		
호포제		
경복궁 중건		

1866년 2월 병인박해를 빌미로, 1866년 10월에 프랑스가 강화도를 침입한 병인양요에 대해 알아봅시다.

1866년 2월, 병인박해

흥선대원군은 천주교의 확대를 막기 위해 ㉠프랑스 선교사 9명과 8000여 명의 천주교 신자를 처형했다. 이 사건을 1866년 병인년에 일어났다고 해서 병인박해라고 부른다. 이때 3명의 프랑스 선교사가 탈출하여 프랑스 극동 함대 사령관 로즈 제독에게 이 사실을 알렸다.

절두산 순교 박물관(마포구 합정동)

1866년 10월, 병인양요

프랑스 선교사가 처형당한 사실을 알게 된 프랑스는 그해 10월 로즈 제독이 7척의 군함과 600명의 해군을 이끌고 강화도로 쳐들어왔다. 로즈 제독은 강화도의 중심인 강화읍성을 점령한 후, 흥선대원군한테 편지를 보냈다.

㉡"프랑스 선교사 9명을 죽인 일을 사과하고 배상금을 지불하고 책임자를 처벌하시오. 그리고 프랑스와 통상 조약을 맺도록 하시오."

이러한 요구가 받아들여지지 않자 프랑스군은 강화읍성을 한 달 동안 점령하고 약탈을 일삼았다. 하지만 정족산성에서 양헌수 장군이 이끄는 군사들한테 패배하여 물러났다. 프랑스군은 철수하면서 강화읍성의 모든 관아에 불을 지르고 금, 은, 책, 무기 등 귀중품들을 약탈해 갔다. 또 조선 왕실의 중요한 문서를 보관하던 ㉢외규장각의 귀중한 책까지 모조리 가져갔다. 이 책들은 프랑스 파리의 국립도서관에 보관되어 오다가 2011년 우리나라에 임대 형식으로 돌아왔다.

병인양요 때 강화도를 침략한 프랑스군

❙ 흥선대원군이 ㉠처럼 천주교 신자들을 처형한 까닭은 무엇일까요?

2 병인박해와 병인양요란 무엇인가요?

- 병인박해

- 병인양요

┃ **양요**(洋서양양 擾어지러울요) : 조선 후기에 서양 세력이 일으킨 난리

3 ⓛ을 볼 때 프랑스가 조선에 쳐들어온 진짜 이유는 무엇일까요?

4 정족산성에서 프랑스군을 물리친 사람은 누구인가요?

정족산성(삼랑성)

5 병인양요 때 강화도에 있었던 외규장각은 어떤 건물이었나요?

복원된 외규장각(강화도 고려궁지)

6 ⓒ은 무엇을 말하나요?

1866년 병인양요 때 강화도로 쳐들어온 프랑스군이 외규장각에 보관되어 있던 많은 수의 의궤를 약탈하여 프랑스로 가져갔다. 파리국립도서관에 보관되어 있던 것을 프랑스에 거주하던 서지학자 박병선이 발견하였고, 한국 정부와 학계의 반환 요청이 계속되어 왔다. 1991년 협상이 처음 시작되었고, 2010년 5년 단위의 임대 방식으로 반환에 합의하여 2011년 4월과 5월에 걸쳐 모두 반환되었다. 2007년 6월 '조선왕조의궤'로 유네스코 지정 세계기록유산에 지정되었다.

┃ **의궤**
: 조선 시대에 왕실이나 국가의 주요 행사의 내용을 정리한 기록

1866년의 제너럴셔먼호 사건을 빌미로 1871년 미국이 강화도를 침입한 신미양요에 대해 알아봅시다.

1866년 제너럴셔먼호 사건

1866년 7월 미국 상선 제너럴셔먼호가 대동강을 거슬러 올라와 평양 근처까지 와서는 통상을 하자고 요구했다. 통상을 거절하자 제너럴셔먼호 선원들은 조선 관리를 잡아 가두고 육지로 올라와 강도 짓을 하고 총을 쏘아댔다. 참다못한 평양의 관군과 백성들은 제너럴셔먼호를 불질러 버렸다.

1868년 오페르트의 남연군 묘 도굴 사건

1868년 독일 상인 오페르트는 조선과의 통상 교섭이 실패하자 흥선대원군 아버지인 남연군 묘를 파헤쳐 시신을 꺼내 조선과 통상 협상을 하려고 하였다. 이 사건은 비록 실패했지만 조선 백성들에게 서양인들에 대해 나쁜 감정을 갖게 만들었고, 흥선대원군의 통상 수교 거부 정책을 더욱 강화하게 하는 계기가 되었다.

남연군 묘(충청도 덕산)

1871년 신미양요

1871년 미국은 제너럴셔먼호 사건의 책임을 물어 조선을 공격해 왔다. 미국 함대의 총대장이었던 로저스 제독은 통상을 요구하며 위협했지만 받아들여지지 않자 강화도를 침공해서 초지진, 덕진진 등 강화도의 방어 시설을 차례로 함락시켰다. 광성보에서는 어재연 장군이 이끄는 조선군이 낡은 총과 대포를 쏘아대며 결사적으로 싸워, 비록 광성보가 미군 손에 들어갔지만 미군의 피해도 만만치 않아 미국은 조선 침략을 포기하고 돌아갔다.

신미양요(민족기록화)

척화비 건립

프랑스와 미국의 침략을 격퇴한 흥선대원군은 통상 수교 거부 정책을 더욱더 강화했고, 서양 세력과 절대 교류해서는 안 된다는 척화비를 전국에 세웠다.

1 제너럴셔먼호 사건이란 무엇인가요?

2 흥선대원군은 오페르트 도굴 사건을 겪은 후 어떠한 생각을 했을까요?

3 프랑스, 미국 등 서양 세력들은 왜 강화도로 침략했을까요? 강화도에 있는 군사 시설을 지도에서 찾아 모두 써 보세요.

4 병인양요와 신미양요에 대해 바르게 빈칸을 채워 보세요.

전투	병인양요	신미양요
쳐들어온 나라		
쳐들어온 장소		
적군에 맞서 싸운 조선의 장군		

5 프랑스와 미국을 물리친 흥선대원군은 그후 어떤 정책을 펼쳤을까요? 그 증거로 세운 다음 비석의 이름은 무엇인가요?

서양 오랑캐가 침범하였을 때
싸우지 않음은 곧 화해하자는 것이요,
화해를 주장하는 것은
나라를 파는 것이다.

쇄국과 개화

통상 거부를 주장하는 흥선대원군과 개화를 주장하는 박규수가 만났습니다.
이들의 대화를 듣고, 개화를 찬성하는 입장과 반대하는 입장 중
하나를 골라 내 의견을 써 보세요.

흥선대원군 먼 길에 고생이 많았네, 청나라의 사정은 어떠한가?

박규수 지금 청나라는 영국을 비롯한 서양의 손에 넘어갔습니다, 영국과의 전쟁에서 패배한 청나라는 서양인들이 무역을 할 수 있는 항구를 만들고 선교사들의 활동을 보장하고 있습니다,

흥선대원군 나는 서양의 우수한 기술을 평화적인 방법으로 받아들이길 원하네, 하지만 조선의 상황을 보게나, 세도 정치로 백성들의 삶은 어렵고 천주교는 조선의 전통을 위협하고 있네, 이런 상황에서는 나라의 안정이 먼저가 아닌가? 나라가 안정되고 난 후에 서양과 교류가 이루어져야 중국처럼 불평등한 교류를 하지 않게 될 것이네,

박규수 맞습니다, 하지만 나라를 먼저 안정시키고 서양 문물을 받아들이기에는 시간이 부족합니다, 나라의 안정과 서양과의 교류를 동시에 추진하는 것이 현명할 듯합니다,

흥선대원군 자네의 뜻을 모르는 바 아니나 서양이 우리와 교류를 하자는 뜻은 중국처럼 조선도 자기 나라의 영향 아래에 두자는 것인데, 우리의 뜻대로 되겠는가?

나는 개화를

_____

_____

_____

_____

_____

2 조선의 개항

학습목표

- 강화도 조약과 개화 정책의 추진 과정을 이해한다.
- 임오군란, 갑신정변이 일어난 까닭과 결과에 대해 이해한다.

학습내용

공부하고 스스로 평가하기

◦ 강화도 조약의 불평등성에 대해 말할 수 있어요. ☆☆☆☆☆

◦ 개항 후 추진된 개화 정책에 대해 말할 수 있어요. ☆☆☆☆☆

◦ 임오군란이 무엇인지 말할 수 있어요. ☆☆☆☆☆

◦ 갑신정변이 무엇인지 말할 수 있어요. ☆☆☆☆☆

01 강화도 조약(1876)

우리나라 최초의 근대적 조약이자 불평등 조약인 강화도 조약에 대해 알아봅시다.

1875년, 일본 운요호 사건 일으키다

1873년 흥선대원군이 물러나고 직접 정치를 하게 된 고종은 아버지 흥선대원군과 달리 외국의 문물을 받아들여 통상을 해야 한다고 생각했다. 그러자 외국과의 통상이 필요하다는 주장도 더욱 늘어났다.

㉠이러한 소식을 들은 일본은 조선을 개항시킬 수 있는 절호의 기회라 생각하고, 운

요호라는 군함을 보내 강화도 초지진 근처에 닻을 내리고 바다 깊이를 재어 보는 등 의도적으로 조선군을 자극했다. 조선군이 일본군이 돌아가도록 경고하는 대포를 쏘자 일본군은 운요호로 돌아가 초지진을 향해 마구 대포를 쏘아댔다. 거기서 그치지 않고 일본군은 영종도에 쳐들어가 주민들을 죽이고 집을 불태운 뒤 달아났다.

일본 군함 운요호

1876년 강화도 조약 – 불평등 조약

아무 이유 없이 일본 군함의 공격을 받은 조선은 일본을 혼내 주자는 의견이 들끓었다. 하지만 일본은 도리어 조선이 일본 배에 대포를 쏘아 피해를 입혔다며 사과하라고

하면서 통상 조약을 맺을 것을 요구하였다. 일본의 요구에 조선의 많은 사람들은 통상 조약 반대를 주장했다. 유학자 최익현은 "일본과 수교하는 것은 서양과 수교를 맺는 것과 같습니다. 수교를 맺으면 조선은 망합니다." 라는 상소문을 올렸다. 하지만 일본과의 교류를 통해 서양의 우수한 문물을 받아들여야 한다고 생각하는 사람들도 있었다.

일본 양국 대표 회담 장면

결국 두 나라 대표는 강화도 연무대(연무당)에서 조약을 맺었는데, 이것이 강화도 조약이다. 강화도 조약은 근대에 들어서 우리나라가 외국과 맺은 첫 조약이다. ㉡일본의 요구대로 맺어진 강화도 조약은 일본에 유리하고 조선에 불리한 조항이 많이 담긴 불평등 조약이었다.

연무대
(일본이 포를 설치하고 강압적인 분위기에서 진행되었다.)

1 일본은 왜 ㉠처럼 조선을 개항시킬 절호의 기회라고 생각한 것일까요?

2 일본이 운요호 사건을 일으킨 까닭은 무엇인가요?

3 강화도 조약은 ㉡처럼 불평등 조약으로 각 조항마다 문제점을 갖고 있습니다. 다음은 강화도 조약 몇 조에 해당하는 문제점일까요?

강화도 조약의 내용

제1조 조선은 자주국이며, 일본과 평등한 권리를 갖는다.

제4조 조선은 부산 이외에 두 곳의 항구를 개항하고, 일본인이 오고가며 통상을 하도록 허가한다.

제7조 일본인이 조선 해안을 자유롭게 측량하는 것을 허가한다.

제9조 백성들은 마음대로 무역하며 양국 관리들은 간섭하거나 금지할 수 없다.

제10조 일본 국민이 조선의 항구에서 조선 국민에게 죄를 지었더라도 일본 관리가 심판한다.

▶ 조선에 대한 청나라의 영향력을 없애려는 의도가 있는 조항 제   조

▶ 일본인이 우리나라 사람을 상대로 범죄를 저질러도 우리가 재판하지 못하고 범인을 일본에 넘겨야 한다는 치외법권 조항 제   조

▶ 세금을 물지 않고 일본의 물건을 팔 수 있게 된 조항 제   조

▶ 남의 나라 땅을 멋대로 측량하겠다는 영토 주권을 침해하는 조항 제   조

조선이 개항 후 추진한 개화 정책에 대해 알아봅시다.

외국과의 조약 체결

일본과 강화도 조약을 맺은 이후 조선은 미국, 영국, 프랑스, 러시아, 이탈리아, 오스트리아 등 서양 나라들과 잇따라 통상 조약을 맺었다. 그때마다 일본과 강화도 조약을 맺은 것처럼 조선에 매우 불리한 조건으로 조약을 맺을 수밖에 없었다. 그후 조선은 세계 여러 나라와 무역을 하게 되었으며, 근대적인 문물과 제도를 본격적으로 받아들이기 시작하였고, 크리스트교의 선교가 자유롭게 이루어지게 되었다.

개화 정책의 반대

하지만 개화 정책에 반대하는 사람들도 많았다. 최익현은 광화문 앞에서 강화도 조약 체결에 반대하는 상소를 하였다. 그는 목숨을 걸고 상소를 한다는 뜻으로 멍석 위에 도끼를 놓았다.

"전하! 조약을 맺으면 저들은 교역에 욕심을 부릴 것입니다. 그런데 저들의 물건은 모두가 지나치게 사치하고 기이한 노리개이며 그 양도 무한합니다. 그런데 우리의 것은 대부분 백성의 생존과 관련이 있고 땅에서 나는 것이어서 그 양이 한정되어 있습니다. 그런데도 백성의 목숨이 걸려 있는 한정된 물건을 저들의 사치스러운 많은 물건과 교역을 하게 되면 백성의 마음은 망가지고 나라의 풍속은 문란해질 것입니다. 그러면 수년 후에 우리의 땅과 집이 모두 황폐해지고 나라 또한 망할 것입니다. 이것이 신이 조약을 반대하는 까닭입니다."

그러나 이 상소는 받아들여지지 않았고, 최익현은 흑산도로 유배되었다. 이후 최익현은 항일 의병장으로 활동하였다.

개화 정책의 추진

개항 이후 조선은 부강한 나라를 만들기 위하여 근대 문물을 적극적으로 받아들였다. 먼저 일본과 청나라에 사절단과 유학생을 보내 무기 제조 기술과 근대적인 제도를 배우려고 하였다.

하지만 근대 문물을 받아들이면서 여러 문제도 생겨났다. 소규모 수공업 중심으로 이루어지던 조선의 산업은 서양 문물이 들어오자 경쟁력을 잃게 되었

수신사(조선이 일본에 파견한 외교 사절)

다. 또 일본 상인들이 쌀을 일본으로 유출하면서 쌀값이 크게 올라 일부 지주와 부농, 상인은 큰 이익을 얻었지만 대부분의 농민과 도시 빈민의 생활은 더욱 어려워졌다.

1 서양 여러 나라들은 왜 앞다투어 조선과 통상 조약을 맺으려고 했을까요?

2 조선은 일본에 이어 다른 서양의 나라들과도 통상 조약을 맺었습니다. 다음 중 조선과 통상 조약을 맺지 않은 나라는?

미국 영국 러시아 이집트 이탈리아
프랑스 베트남 오스트리아 인도

3 유학자 최익현은 왜 개화를 반대했나요? 최익현의 주장에 대해 어떻게 생각하나요?

최익현

4 조선이 개항 후 일본과 중국에 보낸 사절단 이름은 무엇인가요?

일본

중국

5 개항 후 개화 정책의 추진으로 여러 근대 시설을 세웠습니다. 다음 근대 시설이 하는 일을 바르게 연결하세요.

기기창 •   • 근대 신문 발행

박문국 •   • 근대 우체국

우정국 •   • 근대 서양식 병원

전환국 •   • 근대 화폐 발행

광혜원 •   • 근대 무기 제조

> 1882년 구식 군대의 군인들이 일으킨 임오군란에 대해 알아봅시다.

구식 군인 – 난을 일으키다

조선은 개항을 한 뒤 일본의 지원을 받아 새로운 군복과 무기를 갖춘 신식 군대를 만들었다. 이러한 신식 군대를 별기군이라 불렀다. 그런데 특별히 대우받은 신식 군대에 비해 구식 군대 군인들은 1년 이상 월급(쌀)을 받지 못했다. 그러다가 오랜만에 한 달 치 월급을 쌀로 받았는데, 반 이상 겨와 모래가 섞여 있었다.

임오군란이 일어나자 도망가는 일본 공사관원의 모습

분노한 구식 군인들은 별기군을 습격해 일본군 장교와 정부 고관들을 죽였다. 생활이 어려워진 도시 빈민도 합세하여 포도청과 의금부를 습격해 무기를 빼앗은 후 일본 공사관으로 쳐들어가 불을 지르고 일본인 군사 교관을 죽였다. 놀란 일본인들은 인천을 통해 일본으로 도망갔다. 이 사건을 '임오년에 군사들이 일으킨 난리' 라는 뜻으로 임오군란이라고 한다.

왕비 민씨 – 청나라 지원 요청

이때 폭동을 피해 궁궐을 빠져나간 ⊙왕비 민씨는 폭동을 일으킨 군인들을 몰아내 달라고 청나라에 구원을 요청했다. 청나라 군대는 인천으로 들어와 구식 군인들을 폭도로 몰아 잔인하게 진압했다. 청나라 군대는 왕실을 지켜 주겠다는 구실로 청나라로 돌아가지 않고 조선에 머물렀다. 조선은 다시 청나라의 간섭을 받게 되었으며, 나라의 자주권이 위협받게 되었다.

| 별기군이란 무엇인가요?

| 별기군(別다를별 技재주기 軍군사군) : 다른 재주를 가진 군사 : 1881년에 설치된 신식 군대

2 신식 군대인 별기군을 훈련하는 교관은 어느 나라 사람일까요?

3 임오군란이란 무엇인가요? 왜 임오군란이라 부르나요?

軍 亂
군사 군 난리 란

4 임오군란의 내용을 떠올리며 알맞은 대화 내용을 써 보세요.

구식 군인 1년 동안 월급을 못 받아서, 이제 우리 집은 굶어죽게 생겼네.

신식 군인 어, 우리는 한 번도 월급이 밀린 적이 없었는데……,

(그때 한달치 월급으로 쌀이 나왔다. 쌀포대를 뜯어보니 쌀보다 모래와 겨가 더 많았다.)

구식 군인

5 ㉠에 대하여 어떻게 생각하나요?

6 임오군란 후 조선은 어느 나라의 간섭을 받게 되었나요?

1884년 개화파들이 일으킨 갑신정변에 대해 알아봅시다.

임오군란 이후 청나라의 간섭이 점점 심해지면서 개화 정책 추진도 제대로 이루어지지 않았다. 그러자 개화 정책을 빨리 추진하기를 바라던 김옥균, 박영효, 서재필 등 개화파들은 좀처럼 뜻을 펴기 어려웠다. 이에 개화파들은 청나라를 몰아내고 개화 정책을 빨리 추진하기 위해 정변을 일으키기로 했다. ㉠일본도 개화파를 돕겠다고 약속했다.

우정국(조선 최초의 우체국으로 갑신정변이 일어난 곳이다.)

1884년 12월 4일 우정국이 처음 문을 여는 날, 우정국 개국 축하 잔치를 틈타 개화파들은 정변을 일으켰다. 이것이 갑신정변이다. 개화파들은 서둘러 새 정부를 구성하고 개혁 정책을 발표했다.

〈개화파의 주장〉
- 청나라에 바치던 조공을 폐지한다.
- 부정한 관리를 처벌한다.
- 백성이 빚진 쌀을 모두 면제한다.
- 죄인을 다시 조사하여 죄 없는 자는 석방한다.
- 신분 제도를 없애고 능력에 따라 관리를 임명한다.
- 근대적인 기구를 만들어 일을 분담하여 추진한다.

왼쪽부터 박영효, 서광범, 서재필, 김옥균

갑신정변은 성공하는 듯했으나 바로 무너지고 말았다. 왕비 민씨 일파가 청나라에 또 구원을 요청한 것이다. 청나라 군대 1500명이 개화파 정부를 공격하자 사태의 불리함을 눈치챈 일본도 군대를 철수시켰다. 결국 갑신정변은 3일 만에 실패로 끝나고, 이후 청나라의 간섭은 더욱 심해졌다.

❘ 갑신정변이란 무엇인가요? 왜 갑신정변이라 부르나요?

政變
정사 정 변할 변

❘정변 : 반란, 혁명, 쿠데타 따위의 비합법적인 수단으로 생긴 정치상의 큰 변동

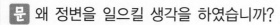

2 다음 김옥균과의 가상 대담을 읽고 개화파가 일본을 끌어들인 까닭을 써 보세요.

> **문** 왜 정변을 일으킬 생각을 하였습니까?
>
> **답** 조선의 개화 정책이 청나라의 간섭을 받고 있으며, 소극적으로 추진되고 있었기 때문입니다. 우리는 하루빨리 자주적으로 개화해야 합니다.
>
> **문** 일반 백성들은 정변에 관심이 없었다고 하는데요?
>
> **답** 개화 사상이 널리 퍼지지 못했기 때문이라고 생각합니다.
>
> **문** 정변을 일으키면서 일본은 왜 끌어들였습니까?
>
> **답** 일본은 청나라보다 근대화에 성공하여 배울 점이 많다고 생각했기 때문입니다.

3 일본은 왜 ㉠처럼 개화파를 돕겠다고 했을까요?

4 갑신정변을 일으킨 개화파의 주장을 살펴보고 개화가가 꿈꾸는 세상과 관련이 없는 것을 골라 보세요.

① 탐관오리를 처벌하고 백성을 위한 정치를 해야 한다.
② 임금이 나라의 일을 혼자 정하지 않고 관리와 함께 결정해야 한다.
③ 청나라에 의존하지 않고 자주적인 나라를 만들어야 한다.
④ 모두가 평등하고 능력 있는 사람이 인정받는 나라가 되어야 한다.
⑤ 청나라의 힘을 빌려 개화 정책을 빨리 추진해야 한다.

5 갑신정변이 실패한 원인은 무엇일까요? 갑신정변 실패 후 어느 나라의 간섭이 더 심해졌나요?

6 다음 보기의 사건을 순서대로 나열한 후, 사건을 간단히 말해 보세요.

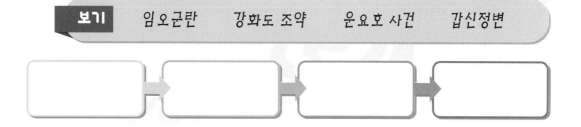

보기   임오군란   강화도 조약   운요호 사건   갑신정변

강화도 조약

강화도 조약은 전적으로 일본에 유리하고 조선에 불리한 불평등 조약입니다.
만약 조선이 외국과의 통상 조약에 미리 대비했다면
이렇게까지 불평등한 조약을 맺지는 않았을 것입니다.
내가 당시 협상 대표라 생각하고, 조약 내용을 평등하게 다시 써 봅시다.

강화도 조약

조선과 일본은 상호 평등한 무역을 위하여 다음과 같은 조약을 체결합니다.

제   조

_____

_____

제   조

_____

_____

제   조

_____

_____

제   조

_____

_____

3 대한제국

학습목표

• 동학 농민 운동이 일어난 배경과 그 전개 과정을 이해한다.
• 갑오개혁의 실시 배경 및 그 내용을 이해한다.
• 대한제국이 조선을 근대 국가로 만들기 위해 실시한 개혁 정책을 이해한다.

학습내용

01 동학 농민 운동과 청일전쟁(1894)
02 갑오개혁(1894)
03 독립협회(1896)
04 대한제국 선포(1897)

공부하고 스스로 평가하기

○ 동학 농민 운동 과정 중에 왜 청일전쟁이 일어났는지 말할 수 있어요. ☆☆☆☆☆

○ 갑오개혁의 의미와 그 내용에 대해 말할 수 있어요. ☆☆☆☆☆

○ 을미사변, 을미의병, 아관파천, 독립협회가 무엇인지 말할 수 있어요. ☆☆☆☆☆

○ 고종이 대한제국을 선포한 이유를 말할 수 있어요. ☆☆☆☆☆

1894년 농민들이 중심이 되어 일어난 동학 농민 운동에 대해 알아봅시다.

1월 고부 농민 봉기 - 5월 전주성 점령

개항 후 조선에는 외국 상인들이 들어와 서양 물건을 팔고 조선의 곡식을 싼 값에 사 갔고, 지방 관리들의 횡포가 계속되면서 농민들의 생활은 더욱 어려워졌다. 동학은 이러한 백성의 마음을 움직여 농촌을 중심으로 퍼져 나갔다.

특히 전라도 고부 군수 조병갑의 횡포는 더욱 심했다. 전봉준은 1천여 명의 농민과 동학교도들을 이끌고 고부 관아를 습격해 가난한 사람들에게 곡식을 나눠 주었다. 동학 농민군은 황토현 싸움에서 관군을 크게 물리치고 전주성을 점령했다.

동학 농민군의 백산 봉기(민족기록화)

5월 청나라에 구원병 요청 - 6월 청일전쟁

당황한 조선 정부는 또 청나라에 구원병을 요청했다. 그러자 일본도 군대를 파견하였다. 동학농민군은 청나라 군대와 일본 군대의 철수를 주장하며 개혁안을 제시하고 정부와 휴전한 후 스스로 해산하였다(전주화약). 해산 후 농민들은 집강소를 설치하여 치안을 바로잡고 개혁을 추진하였다. 그러나 일본은 군대를 철수하지 않고

청일전쟁 때 제물포에 상륙하는 일본군

청군을 공격하여 한반도 안에서 전쟁을 일으켰다(청일전쟁). 청일전쟁에서 일본이 승리하자 청나라는 완전히 물러나고 일본의 간섭은 더욱 심해졌다.

10월 우금치 전투

전쟁에서 승리한 일본이 조선의 정치에 간섭하자 일본군이 물러나기를 바라며 전봉준과 동학농민군은 다시 일어났다. 동학농민군은 공주 우금치에서 치열한 전투를 벌였으나 관군과 일본군의 연합군에 패하여 후퇴하였다. 그 후 전봉준은 전라북도 순창에서 체포되어 처형당했다. 그러나 동학 농민군의 뜻은 항일 의병 항쟁으로 이어졌다.

호송되는 전봉준의 모습

1 전라도 고부 농민들이 봉기를 일으킨 까닭은 무엇인가요?

2 동학농민군의 지도자 전봉준을 왜 녹두 장군이라 부르나요?

> 전봉준은 아버지가 백성들을 괴롭히는 관리에게 저항하다가 죽게 되자, 사회를 개혁해야겠다는 뜻을 가지게 되었다. 어린 시절 키가 작아 녹두라 불렸는데, 그 때문에 사람들은 그를 녹두 장군이라고 불렀다.

3 다음 보기의 사건들을 순서대로 나열하고, 동학 농민 운동의 전개 과정을 말해 보세요.

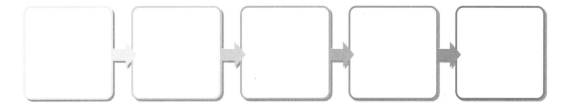

보기 고부 농민 봉기   전주화약   청일전쟁   전주성 점령   우금치 전투

4 다음은 전봉준이 죽으면서 남긴 시입니다. 전봉준의 어떠한 마음을 표현했나요?

> 때가 이르러서는 천지와 함께했으나,
> 운이 다하여 영웅도 어쩔 수가 없구나.
> 백성을 사랑하고 정의를 위한 것이 무슨 잘못이랴.
> 나라를 사랑한 붉은 마음 누가 알아주겠나.

5 전봉준의 죽음 후 그의 죽음을 슬퍼하는 다음과 같은 노래가 퍼져 나갔습니다. 다음 노래를 불러 보고, 그 의미를 해석해 보세요.

> 새야 새야 파랑새야 / 녹두밭에 앉지 마라
> 녹두꽃이 떨어지면 / 청포 장수 울고 간다

1894년에 진행된 우리나라 최초의 근대적 개혁인 갑오개혁에 대해 알아봅시다.

　동학 농민 운동과 청일전쟁 이후 일본은 자기들 입맛에 맞는 개화파 관리들을 내세워 갑오개혁을 시작했다. 갑오년에 시작된 개혁이라 하여 갑오개혁이라 부른다. 갑오개혁은 조선의 낡은 제도를 없애고 근대 국가로 발돋움하기 위한 개혁이었다. 그중에는 동학농민군이 요구한 개혁과 비슷한 것도 많았다.

〈동학농민군이 주장한 개혁안〉
- 동학과 정부 사이의 반감을 없애고 정치에 협력한다.
- 탐관오리의 죄상을 조사하여 이를 엄중히 처벌한다.
- 노비 문서를 불태워 버린다.
- 젊은 과부의 재혼을 허락한다.
- 규정 이외의 모든 세금을 폐지한다.
- 관리의 채용은 문벌을 타파하고 인재를 등용한다.
- 일본인과 몰래 통하는 자는 엄벌한다.
- 토지는 골고루 나누어 경작한다.

황토현 동학 혁명 기념탑(전북 정읍)

　갑오개혁은 정치, 경제, 사회 등 각 부분의 제도 개혁을 통해 유교 중심의 조선 사회를 근대 사회로 바꾸기 위한 노력이었다. 조선이 근대 국가로 발전하는 데 걸림돌이었던 신분 제도가 폐지되고 백성들의 삶을 힘들게 하였던 세금을 법으로 정하여 관리들이 횡포를 부리지 못하게 하였다. 갑오개혁은 조선을 근대적으로 바꾸려는 시도였다. 그러나 성급하게 실시되어 준비가 부족했고 주도 세력이 일본에 의존하여 국민들의 반발을 초래하였다.

〈갑오개혁의 주요 내용〉
- 청나라에 의존하지 않고 자주독립의 기초를 세운다.
- 과거 제도를 폐지하고, 능력 위주로 관리를 뽑는다.
- 신분 제도를 없앤다.
- 세금을 모두 법으로 정하고 그 이상 거두지 못한다.
- 백성을 함부로 가두거나 벌하지 말며, 백성의 생명과 재산을 보호한다.
- 도량형을 통일한다.

| 도량형 : 길이, 양, 무게 등을 재는 단위법

갑오개혁을 추진한 김홍집

1 갑오개혁이란 무엇인가요? 왜 갑오개혁이라고 부르나요?

改革
고칠 개 가죽 혁

| 개혁 : 제도나 기구 따위를 새롭게 뜯어고침

2 갑오개혁은 어느 나라의 영향력 아래 진행되었나요? 왜 그렇게 될 수밖에 없었나요?

3 갑오개혁의 내용 중 동학농민군의 개혁안과 비슷한 것은 무엇인가요?

4 다음 중 갑오개혁에 대한 설명으로 맞으면 ○, 틀리면 × 하세요.

우리나라가 근대 국가로 발전하는 계기가 되었다.

갑오개혁으로 외세의 간섭에서 완전히 벗어나게 되었다.

김홍집을 중심으로 한 친일 정부가 갑오개혁을 추진하였다.

갑오개혁 실패로 사람들은 예전의 조선 사회로 돌아가기를 원했다.

일본이 조선을 침략하는 데 유리한 내용을 담고 있다.

5 갑오개혁이 실패로 끝난 원인은 무엇인가요?

03 독립협회(1896)

1895년의 을미사변과 을미의병, 1896년의 독립협회에 대해 알아봅시다.

을미사변(1895. 10)-을미의병(1895. 11)

청일전쟁에서 승리한 일본은 청나라 군대를 몰아내고 조선 정치를 더욱 간섭하였다. 조선은 일본의 간섭을 피하기 위해 러시아를 가까이 하였다. 특히 왕비 민씨가 친일파를 몰아내고 친러파를 등용하여 일본의 영향력이 약해졌다. 그러자 일본은 1895년 10월 일본인자객을 경복궁에 침입시켜 왕비 민씨를 끔찍하게 살해했다. 이 사건을 을미사변이라고 한다.

건청궁 옥호루(일본이 명성황후를 시해한 곳)

왕비의 죽음이 알려지자 전국은 반일 감정으로 들끓었다. 일본은 친일 내각을 구성하고, 성인 남자의 상투를 자르라는 단발령을 발표했다. 부모로부터 물려받은 머리카락을 함부로 자를 수 없다며 사람들이 거세게 반발하자, 일본은 고종부터 상투를 자르게 했고 길거리에서 강제로 남자들의 머리를 잘랐다. 분노한 백성들은 일본을 몰아내자고 무기를 들고 일어났다. 이들을 을미의병이라고 한다.

아관파천(1896. 2)

갑자기 왕비를 잃은 고종은 생명의 위협을 느껴 러시아 공사관으로 옮겨 갔다(아관파천). 고종과 세자는 1896년 2월부터 약 1년 동안 러시아 공사관에서 살았다. 고종은 러시아의 힘을 빌려 일본 세력을 물리칠 방법을 찾았다. 이 틈을 타 미국, 프랑스, 영국, 독일 등은 조선에서 자기들의 이권을 챙겨 갔다.

독립협회(1896. 7)

이 때 갑신정변이 실패한 뒤 미국으로 망명했던 서재필이 귀국하였다. 서재필은 외세의 간섭에서 벗어나 나라의 독립을 지키려면 국민들이 자주 독립 정신을 가져야 한다고 생각했다. 그래서 독립신문을 창간하고 독립협회를 만들었다. 독립신문은 모두 4쪽으로 발행했다. 3쪽은 한글로, 나라 안팎의 소식을 실어 국민들이 쉽게 나랏일을 알도록 했고, 1쪽은 영어로 발행하여 외국인도 우리나라의 사정을 알 수 있게 하였다. 또한 청나라 사신을 맞이하던 영은문을 헐고 독립문을 세워 자주 독립의 의지를 나타냈고, 만민공동회를 열어 누구나 자유롭게 토론할 수 있는 기회를 마련하는 등 일반 백성을 깨우치고 어지러운 나라의 정치를 바로잡고자 노력하였다.

1 청일전쟁 후 조선에서는 어느 나라의 영향력이 강해졌나요?

2 을미사변이란 무엇인가요? 왜 일어났나요?

事 變
일 사 변할 변

┃**사변** : 태풍, 홍수, 지진 등의 천재 혹은 그 밖의 큰 재앙이나 사고

3 전국적으로 을미의병이 일어나게 된 배경은 무엇인가요?

4 아관파천이란 무엇인가요? 고종은 왜 아관파천을 했나요?

俄 館 播 遷
러시아 아 집 관 달아날 파 옮길 천

┃**파천(播遷)** : 임금이 도성을 떠나 다른 곳으로 피란하던 일

5 다음 중 독립협회가 한 일은 ○, 아닌 일은 × 하세요.

독립협회는 김옥균이 중심이 되어 만들었다.

독립협회는 영은문 자리에 독립문을 세웠다.

독립신문은 한자로 된 신문이다.

독립협회는 만민공동회를 열었다.

독립 신문은 주로 국내 소식만 실었다.

고종은 1897년 대한제국을 선포하고 조선을 근대 국가로 만들기 위한 여러 가지 개혁 정책을 추진했습니다. 대한제국의 개혁 정책에 대해 알아봅시다.

1897. 2. 경운궁으로 돌아오다.

독립협회를 중심으로 러시아 공사관에 머물러 있던 고종이 대궐로 돌아와야 한다는 백성들의 여론이 높아졌다. 고종은 1897년 2월 25일 1년 만에 러시아 공사관에서 경운궁(덕수궁)으로 돌아왔다.

환구단(하늘에 제사를 지내던 곳)

1897. 10. 대한제국 선포

고종은 조선이 당당한 독립국임을 국내외에 알리려면 황제의 나라가 되어야 한다고 생각했다. 왕을 중국의 황제나 일본의 천황과 같은 위치에 올려놓아야 대등한 입장이 될 수 있다고 생각한 것이다. 그래서 나라 이름을 대한제국으로 바꾸고 환구단에서 황제 즉위식을 올렸다.

고종 황제

근대 국가를 만들기 위한 대한제국의 노력

대한제국은 근대 국가의 모습을 갖추기 위하여 여러 가지 개혁 정책을 실시하였다. 산업과 기술을 발전시키는 데 힘을 기울여 전기 설비와 철도 부설에 적극적으로 나섰고 공장과 회사를 설립하였다. 인재 양성을 위하여 전국에 근대 학교를 세우고 기술 교육을 강조하였다.

정치 고종은 대한제국을 세우고 황제 즉위식을 올려 우리나라가 자주 국가임을 선언하였다. 고종은 왕의 옷을 벗고 황제의 옷을 입어 자주적 근대화를 이루고자 하는 강한 의지를 보여주었다.

경제 상공업을 발전시켜 경제적으로 부유한 나라가 되는 것이 대한제국의 목표 중 하나였다. 대한제국은 경제 발전을 위하여 전기를 시설하고 철도를 놓았으며 공장과 은행을 세웠다.

교육 하루빨리 근대화를 이루기 위해서는 실력 있는 인재가 필요했다. 대한제국은 여러 학교를 세워 전문적인 기술을 가지고 있는 인재를 키우고, 유학을 보내 주기도 하였다.

사회 고종은 자신이 먼저 서양의 옷을 입고, 이어 관리들도 서양식 옷을 입게 하는 등 근대 문물을 받아들였다. 또 병원을 세우고 우편과 통신 시설의 근대화에도 힘썼다.

1 왜 국민들은 고종의 환궁을 요구했을까요?

| 환궁(還돌아올환 宮대궐궁) : 임금이나 왕비, 왕자 등이 대궐로 돌아옴

2 고종이 나라 이름을 대한제국으로 바꾼 이유는 무엇인가요?

3 1897년 고종 황제 즉위식이 거행된 덕수궁 대한문 앞에 이렇게 사람들이 많이 모였습니다. 그 이유는 무엇일까요?

4 대한제국이 조선을 근대 국가로 만들기 위해 추진한 개혁 정책을 생각그물로 정리해 보세요.

역사 상상력 업

개화기 사건 정리

개화기에 일어난 많은 사건들을 개념과 인물을 연결하며 정리해 봅시다.

사 건

- 병인 / 신미
- 강화도
- 임오
- 갑신
- 동학농민
- 갑오
- 을미
- 대한

개 념

- 조약
- 양요
- 운동
- 개혁
- 군란
- 사변
- 제국
- 정변

인 물

4 근대 문물의 수용

공부하고 스스로 평가하기

○ 개화기 달라진 의식주의 변화에 대해 말할 수 있어요. ☆☆☆☆☆

○ 전기와 전화가 최초에 어디에 설치되었는지 말할 수 있어요. ☆☆☆☆☆

○ 일본이 왜 우리나라에 지속적으로 철도를 건설했는지 말할 수 있어요. ☆☆☆☆☆

○ 개화기 때 근대 학교가 왜 많이 세워졌는지 말할 수 있어요. ☆☆☆☆☆

개항 이후 외국과 교류를 시작하면서 다양한 서양 문물이 들어와 생활 모습이 바뀌기 시작했습니다. 개화기 의식주의 변화를 알아봅시다.

서양의 의복 문화 도입

갑오개혁 이후 관복이 양복으로 바뀌었고, 일반인들도 양복을 입는 사람이 늘어났다. ㉠또 상투를 자르고 서양식 머리 모양을 하는 사람들이 점차 많아졌다. 신교육을 받은 여성들은 서양 선교사의 양장을 본떠 고친 한복을 입기도 했다.

서양식 관복

서양의 음식 문화 도입

개항 이후 고위층에서는 서양 음식이 보급되기 시작했다. 궁중에서는 커피와 홍차를 마셨으며 양식과 과자를 먹었다. 또 남녀의 구별이나 신분의 구별이 없이 한자리에 둘러앉아 밥을 먹는 식사법과 같은 서양의 음식 문화도 들어왔다.

서양의 건축 문화 도입

이 시기 도시에는 일본식 목조 주택이나 서양식 벽돌 주택이 세워졌다. 주택은 여전히 초가나 기와집이 주류였지만 외국인 거주 지역이나 상류층 거주 지역을 중심으로 양옥집이 나타나기 시작했다. 명동 성당, 정동 교회, 덕수궁 석조전 등이 서양식으로 지어졌고 서울 거리에도 2층집이 들어섰다. 이러한 건축물은 시멘트, 유리, 벽돌 등을 사용하여 오늘날과 거의 비슷한 모습이다.

덕수궁 석조전
(유럽의 궁전을 본떠 만든 건물)

〈석유와 램프가 들어오다〉

석유와 램프가 우리나라에 소개된 것은 1880년경이었다. 승려 이동인이 일본에 건너가 귀국길에 석유, 석유램프, 성냥 등을 가지고 와서 왕실과 친구들에게 나누어 주었다. 이 물건을 처음 본 사람들은 편리함에 감탄을 금치 못하였다. 석유는 처음엔 고위층 가정에서부터 쓰기 시작하다가 차츰 사용하는 사람들이 늘어났다.

등잔 : 등잔 기름으로 석유를 사용하게 되면서 집 안이 훨씬 밝아졌지만 불꽃이 강하여 화재의 위험이 있었다. 그래서 심지꽂이가 달린 등잔을 널리 사용하게 되었다.

남포등 : 남포등은 영어 램프(lamp)에서 유래한 남포라는 말에 등이라는 기존의 등잔을 가리키는 말이 합해진 것으로 서양 등잔이라는 뜻이다.

1 관복이 한복에서 양복으로 바뀌게 된 계기는 언제부터인가요?

| 양복(洋서양양 服옷복) : 서양식 옷

2 ㉠처럼 상투를 자르고 서양식 머리를 하는 사람이 늘어나게 된 일본의 정책은 무엇인가요?

상투머리

3 옆의 그림을 보고 우리나라 식사 문화와 서양식 식사 문화의 차이점이 무엇인지 설명해 보세요.

4 다음 글에서 설명하고 있는 근대 문물은 무엇인가요?

○○는 영국과 미국 등 서양 여러 나라에서 생산하는데, 어떤 사람은 바다 가운데서 얻는다 하고, 어떤 자는 석탄에서 뽑아낸다고도 하며, 어떤 이는 돌을 삶아서 짜낸다고 하니 그 설명이 같지 않으나 그것은 천연자원임에 틀림없다. 우리나라에서는 경진년(고종17년)부터 ○○를 사용하기 시작하였다. ○○가 나오면서부터 산이나 들판에 기름 짜는 열매는 번성하지 않게 되었으며, 온 나라 안에 ○○를 등불로 사용하지 않는 자가 없게 되었다. - 황현의 〈매천야록〉 중에서 -

5 개화기 때 사용한 다음 물건의 이름은 무엇인가요? 이러한 물건이 들어오면서 사람들의 생활은 어떻게 달라졌을까요?

전기를 이용한 전깃불과 전화의 도입으로 달라진 생활 모습을 알아봅시다.

전기 설비(1887) - 경복궁에 처음 들어오다

경복궁에서 처음 전깃불을 밝히는 모습(상상화)

여러 가지 서양 문물 가운데 당시 사람들이 특히 신기하게 생각한 것은 전기였다. 1887년 경복궁에서 우리나라 최초로 전깃불이 켜졌다. 전깃불을 구경하려고 모인 신하들과 궁녀들은 깜짝 놀라 어쩔 줄 몰라했다. 경복궁 향원정 연못의 물을 끌어올려 발전기를 돌렸기 때문에 전깃불을 '물불', 또는 불가사의한 묘한 불이라는 뜻으로 '묘화'라고 불렀다. 또 전깃불이 자꾸 꺼졌다 켜졌다 해서 건달불이라고도 불렀다. 경복궁에 발전 설비를 갖추고 불을 밝히는 것이 왕실의 공식 행사로 열렸다.

전화(1896) - 궁중용으로 설치

전화는 1896년 궁중용으로 처음 설치되고, 이후 서울과 인천 사이에 개통되었다. 그러나 어른을 직접 찾아뵙고 애기를 해야지 전화로 애기하는 것은 예의에 어긋난다고 생각하여 호응을 얻지 못하다가, 시간이 한참 지난 후에야 받아들여졌다. 당시에는 전화를 덕률풍 또는 다리풍이라고 불렀는데, 이는 영어 텔레폰의 발음을 한자식으로 적은 것이다. 또 궁궐에 설치되어 어화통, 전어통이라고도 하였다. 관리가 임금에게 전화할 때는 관복을 입은 다음에 전화기를 향해 세 번 큰절을 하고 나서 무릎을 꿇고 앉아 전화하는 것이 규칙이었다.

개화기의 전화교환원

1 우리나라에서 전깃불이 처음 켜진 곳은 어디인가요?

2 개화기 때 전깃불을 다음과 같이 불렀습니다. 왜 이렇게 불렀을까요?

물불   묘화   건달불

3 우리나라에 처음 전화가 가설된 곳은 어디인가요?

4 사람들은 처음에 왜 전화 사용을 꺼려했나요?

5 다음 그림이 무엇을 그린 장면인지 설명해 보세요.

임금에게 전화를 하는 신하(상상도)

03 전차와 기차의 도입

근대 교통 시설인 전차와 기차의 도입으로 달라진 생활 모습을 알아봅시다.

최초의 전차(1898년 서대문–청량리)

전차는 전기의 힘으로 땅 위를 달리는 차를 말한다. 우리나라에는 1898년 처음으로 청량리와 서대문 간 운행을 시작했으며, 서울 중심지에 전차가 다니는 모습을 보고 사람들은 신기해했다. 전차는 처음부터 굉장한 인기를 누렸다. 전차를 한번 타 보려고 일부러 시골에서 올라오는 사람도 있었고, 내리지 않고 계속 타고 다니는 사람도 있었다. 하지만 사람과 전차가 부딪치는 사고가 이어지면서 불만을 갖기도 하였다. 그후 1969년에 자동차에 밀려 모두 폐기되었다.

숭례문(남대문) 부근을 운행하는 전차

최초의 기차(1899년 노량진–제물포)

조선에 기차를 소개한 사람은 수신사로 일본에 파견된 김기수였다. 그는 '불을 내뿜는 수레'라는 뜻에서 기차를 화륜거라 이름 붙이고, 기차가 달리는 모습을 "우레와 번개처럼 달리고 바람과 비같이 날뛴다"라고 묘사하였다.

우리나라에서 처음으로 운행된 철도는 일본이 건설한 노량진과 제물포를 오가는 경인선이었다. 이 철도로 일본은 인천항에서 곧바로 서울로 들어가는 길을 얻게 되었다. 경부선과 경의선은 러일전쟁 중에 일본의 군사적 목적을 위해 개통되었다. 철도는 당시 조선 사람들에게는 큰 충격이자 볼거리였지만, 일본인의 조선 침략 의도가 깔린 근대 시설이었다.

화륜거(火불화 輪바퀴륜 車수레거) : 불을 내뿜는 수레 : 예전에 기차를 이르던 말
철마(鐵쇠철 馬말마) : 쇠로 된 말 : 기차를 비유적으로 부르는 말

1 전차란 무엇인가요? 최초의 전차는 어느 구간을 운행했나요?

2 전차가 처음부터 인기가 있었던 이유는 무엇일까요?

3 다음 중 기차를 부르는 말이 아닌 것은?

① 화륜거   ② 철마   ③ 기차   ④ 우마차

4 다음 기차 노선을 바르게 연결하며 익혀 봅시다.

철도 개통 순서

1899 경인선(노량진~제물포)

1905 경부선(서울~부산)

1906 경의선(서울~신의주)

1914 호남선(대전~목포)

1925 서울 역사 준공

1936 전라선(익산~여수)

1939 경춘선(성동~춘천)

1942 중앙선(청량리~경주)

경인선 •	• 노량진 ~ 제물포
경부선 •	• 서울 ~ 부산
경의선 •	• 서울 ~ 신의주
호남선 •	• 대전 ~ 목포
전라선 •	• 익산 ~ 여수
경춘선 •	• 성동 ~ 춘천
중앙선 •	• 청량리 ~ 경주

5 일제는 우리나라의 주권을 강탈한 후에도 지속적으로 철도를 건설했습니다. 그 이유는 무엇일까요?

개항 이후 신학문과 신기술을 가르치기 위해 세워진 근대 학교들에 대해 알아봅시다.

근대 학교들이 설립되다

개항 이후 교육에서도 새로운 변화가 나타났다. 1883년 함경도 덕원 주민들이 우리나라 최초의 근대 학교인 원산학사를 세웠고, 정부에서도 양반 자제들을 위한 육영공원을 설립해 신지식과 외국어를 가르쳤다. 갑오개혁 이후 근대 교육 제도가 확립되면서 정부는 소학교와 중학교를 비롯한 각종 관립 학교를 세웠고, 많은 애국지사와 애국단체가 전국 각지에 사

배재학당

립학교를 세워 민족 교육 운동을 활발하게 전개했다. 근대 학교는 양반뿐만 아니라 일반 백성과 여성에게도 교육의 기회를 제공하였다. 근대 학교가 전국 곳곳에 세워지면서 사람들은 신학문에 관심을 가지게 되었다.

개신교 선교사들도 배재학당, 이화학당 등을 세워 근대 학문을 보급하는 등 근대 교육에 큰 역할을 하였다. 또 광혜원이라는 서양식 병원을 세워 서양 의학을 보급하는 등 근대화를 위해 힘썼다.

근대 학교에서 가르치는 내용

유교 경전을 가르치던 이전 학교와는 달리 근대 학교에서는 체조, 외국어, 과학 등 실용적인 학문을 가르쳤다. 소학교 교과목에는 수신, 독서, 작문, 습자, 산술, 체조, 본국 역사, 도화, 외국어 등이 있었으며, 고등과는 외국 지리와 외국 역사, 이과를 추가하였다.

근대식 학교의 수업 모습

국어, 역사, 지리 등은 국가의 정체성과 애국심을 기르는 교과였고 산술, 이학, 화학, 천문은 실용적인 기초 지식을 기르는 교과였다. 학생들은 학기말에 진급과 졸업 시험을 치르고, 합격하면 증서를 받았다. 소학교는 심상과와 고등과로 나뉘었으며, 7세에서 15세까지 누구나 입학할 수 있었다.

체조는 당시 중요시하던 과목이었다. 심상과에서는 보통 체조를, 고등과에서는 병식 체조(일종의 군사 훈련)를 배웠다. 체육을 중요하게 여겨 운동회를 열었다. 운동회는 학생뿐 아니라 관공서 직원, 학교 근처의 주민들까지 참여하는 지역 축제였다. 운동회 종목으로는 200보 달리기, 100보 달리기, 높이뛰기, 방울 던져 맞추기, 2인 3각 경기 등이 있었다.

1 우리나라 최초의 근대 학교는 누가 세운 어느 학교인가요?

2 다음의 사람들은 왜 근대 학교를 열심히 세웠을까요?

- 대한제국 정부

- 애국단체와 애국지사

- 지역 주민

- 개신교 선교사

3 다음 중 근대 학교에서 가르치는 내용이 아닌 것은?

① 외국어   ② 체조   ③ 유교 경전   ④ 과학

4 근대 학교에서는 왜 체조를 중시했을까요?

5 개화기의 소학교와 오늘날 초등학교의 모습을 비교해서 말해 보세요.

배우는 과목   배우는 기간   운동회

개화기 때 들어온 다음 근대 문물을 보고
당시 사람들이 했을 법한 말을 상상하여 말풍선에 써 보세요.

[제30회 초급 31번 문제]

1. 다음 비석을 세우게 된 계기로 옳은 것은? [3점]

서양 오랑캐가 침범하는데 싸우지 않는것은 화친하는 것이고, 화친을 주장함은 나라를 파는 것이다.

① 갑신정변　　　　② 갑오개혁
③ 임오군란　　　　④ 신미양요

[제11회 초급 28번 문제]

2. ㉠의 사건이 일어난 시기를 연표에서 옳게 고른 것은? [3점]

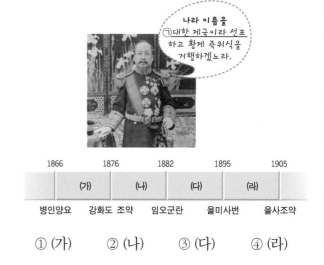

나라 이름을 ㉠대한 제국이라 선포 하고 황제 즉위식을 거행하겠노라.

1866	1876	1882	1895	1905
	(가)	(나)	(다)	(라)
병인양요	강화도 조약	임오군란	을미사변	을사조약

① (가)　　② (나)　　③ (다)　　④ (라)

[제14회 초급 40번 문제]

2. (가)에 들어갈 내용으로 가장 적절한 것은? [3점]

강화도 조약에 대해 조사한 내용을 발표해 보세요.

일본이 　(가)　

① 강제로 군대를 해산시켰어요.
② 국권을 빼앗고 총독부를 설치했어요.
③ 외교권을 빼앗고 통감부를 설치했어요.
④ 운요호 사건을 빌미로 체결할 것을 강요했어요.

[제29회 초급 34번 문제]

4. 다음 공모전에 출품할 작품으로 적절하지 않은 것은? [2점]

광고 공모전

1. 주제: 개항 이후 처음 들어온 근대 문물
2. 접수 기간: 2015년 ○○월 ○○일~○○월 ○○일

① 천리 밖 소식을 귓전에서! 전화기
② 밤도 낮과 같이 불을 밝히세요! 전등
③ 먼 거리도 한달음에! 전차
④ 답답한 세상 환하게 보세요! 안경

이 곳에 가고 싶어요

이번 달에 배운 유적지 중 가장 가보고 싶은 곳 하나를 골라
답사 계획서를 작성해 보세요.

유적지	
유적지 주소	
답사 예정 날짜	함께할 사람
가보고 싶은 이유	
더 조사하고 싶은 내용	

답사 여행을 다녀와서

재미있게 답사를 잘 다녀왔지요? 보고서로 정리하면
더욱더 잊혀지지 않는 추억이 된답니다.

이름		날짜	년	월	일
유적지 이름					
같이 간 사람					
내가 본 유물과 유적					
느낀 점					
더 알고 싶은 점					

예시답안

1차시 외세의 침략   03쪽~

01. 이양선의 등장
1. 조선의 배와 모양이 다른 배라는 뜻
2. 22척
3. 서양의 배들이 조선에 통상을 요구하기 위해 자주 나타났다.
4. 청나라가 영국, 프랑스와의 전쟁에서 패배하고 일본이 강제로 개항당한 소식을 들었기 때문에
5. 고종의 아버지 / 고종이 너무 어린 나이에 즉위해서 나라를 다스리기 힘들었기 때문에
6. 국내 – 왕권 강화 정책 / 국외 – 통상 수교 거부 정책

02. 흥선대원군의 정치
1. 세도 정치로 무너진 왕권을 바로 세우고 백성들의 생활을 안정시키는 것
2. 인재 등용 – 세도 정치를 뿌리 뽑고 인재를 등용하여 나라를 발전시키기 위하여
  서원 철폐 – 나라 재정을 어렵게 하고 백성들한테 횡포를 부려서
  호포제 실시 – 양반에게도 세금을 부과해서 나라 재정을 튼튼히 하기 위하여
3. 뛰어난 유학자에게 제사를 올리며 유생들이 공부하는 곳이었으나 같은 서원 사람들끼리 어울리며 당쟁의 근거지가 되었다.
4. 경복궁 중건 이유 – 왕실의 권위를 바로 세우기 위해
  당백전 발행 이유 – 경복궁을 중건하는 데 필요한 돈을 마련하기 위해
5.

신분	양반	평민
서원 철폐	반대	찬성
호포제	반대	찬성
경복궁 중건	반대	반대

03. 병인양요(1866)
1. 천주교의 확대를 막기 위해서
2. 병인박해 – 병인년에 천주교 선교사와 신자들을 처형한 사건
  병인양요 – 병인박해를 빌미로 프랑스가 조선에 쳐들어온 사건
3. 통상을 요구하기 위해서
4. 양헌수 장군과 조선의 군사들
5. 왕실의 중요한 문서를 보관하던 곳
6. (조선 왕조) 의궤

04. 신미양요(1871)
1. 미국 상선 제너럴셔먼호가 대동강을 거슬러 올라와 난동을 부리자 평양의 관군과 백성들이 불태워 버린 사건
2. 서양의 오랑캐와는 절대 통상하지 않겠다 등 흥선대원군의 마음을 상상하여 자유롭게 내 생각을 적는다.
3. 바다에서 한양으로 들어오는 입구이기 때문에 // 진(군사상의 행정구획) : 초지진, 덕진진, 갑곶진, 월곶진, 덕포진, 통진, 영종진 / 보(방어를 위해 쌓은 작은 성) : 광성보 / 산성 : 정족산성, 문수산성 (이러한 군사 시설은 효종의 북벌 정책이 추진되면서 세운 것이다. 숙종 때에도 계속 진행되어 강화도에 많은 군사 시설이 세워졌다.)

4.

전투	병인양요	신미양요
쳐들어온 나라	프랑스	미국
쳐들어온 장소	강화도	강화도
적군에 맞서 싸운 조선의 장군	양헌수	어재연

5. 통상 수교 거부 정책 / 척화비

2차시 조선의 개항   13쪽~

01. 강화도 조약(1876)
1. 통상 수교 거부 정책을 폈던 흥선대원군이 물러나고 개화에 관심을 가진 고종이 왕이 됐기 때문에(조선에서도 개화를 주장하는 세력이 늘어나고 있었기 때문에)
2. 운요호 사건을 빌미로 조선과 통상 조약을 체결하기 위해
3. 1조, 10조, 4조 · 9조, 7조

02. 개화 정책의 추진
1. 조선과 통상을 하여 이익을 얻기 위해
2. 이집트, 베트남, 인도
3. 개화를 해서 서양 물건이 물어오면 조선은 망할 것이다.(서양 물건들은 공장에서 대량으로 만들어내지만 우리 상품인 농산물은 그 양이 한정되어 있어 무역을 하면 조선은 망할 것이라고 주장했다.) / 최익현의 주장에 동의한다, 반대한다 등 내 생각을 자유롭게 표현한다.
4. 일본 – 통신사, 조사 시찰단 / 청나라 – 영선사
5. 기기창 – 근대 무기 제조 / 박문국 – 근대 신문 발행 / 우정국 – 근대 우체국 / 전환국 – 근대 화폐 발행 / 광혜원 – 근대 서양식 병원

03. 임오군란(1882)
1. 일본의 지원을 받아 만든 신식 군대
2. 일본인
3. 임오년에 구식 군인들이 신식 군인인 별기군에 비해 차별 대우 받는 것에 분노하여 일으킨 사건 / 임오년에 일어난 군인들이 일으킨 난리라는 뜻
4. "아니 뭐야! 더 이상 참을 수 없다!" 등등 상상해서 적어 보세요.
5. 우리나라의 일을 외국의 힘을 빌려 해결한 것은 잘못되었다, 나라의 힘이 없었으니 청나라의 힘이라도 빌린 것이 다행이다 등 자신의 생각을 적어 보세요.
6. 청나라

04. 3일천하 갑신정변(1884)
1. 김옥균, 박영효, 서재필 등의 개화파가 우리나라의 개화가 늦어지자 청나라를 몰아내고 개화 정책을 빨리 추진하기 위해 정변을 일으킨 사건 / 갑신년에 일어난 정변이란 뜻
2. 일본은 청나라보다 근대화에 성공하여 배울 점이 많다고 생각했기 때문에
3. 청나라를 몰아내고 조선에서 일본의 영향력을 강화할 수 있다고 생각했기 때문에
4. ⑤ (청나라가 아니라 일본의 힘을 빌려 개화 정책을 추진하려고 한 것이다.)

5. 민씨 일파가 청나라에 구원을 요청했기 때문에 / 일본이 상황이 불리함을 알고 군대를 철수시켰기 때문에
6. 운요호사건→강화도조약→임오군란→갑신정변

3차시 대한제국 (23쪽~)

01. 동학 농민 운동과 청일전쟁(1894)

1. 군수인 조병갑의 횡포 때문에
2. 키가 작아 어린 시절 별명이 녹두였기 때문에
3. 고부 농민 봉기 → 전주성 점령 → 전주화약 → 청일전쟁→ 우금치 전투
4. 백성들을 위해 싸웠지만 결국 실패한 억울한 마음을 표현한 것이다 등 자신의 감상을 자유롭게 표현한다.
5. 파랑새 – 일본군 / 녹두밭 – 동학농민운동군 / 녹두꽃 – 전봉준 / 청포장수 – 백성들

02. 갑오개혁(1894)

1. 청일전쟁 이후 일본이 개화파 관리들을 내세워 추진한 근대적인 개혁 / 갑오년에 일으킨 개혁이란 뜻
2. 일본 / 일본이 청일전쟁에 승리한 후 자신들의 입맛에 맞는 관리들을 내세워 추진했기 때문에
3. 과거 제도를 폐지하고, 능력 위주로 관리를 뽑는다. 신분 제도를 없앤다. 세금을 모두 법으로 정하고 그 이상 거두지 못한다. 백성들을 함부로 가두거나 벌하지 말며, 백성의 생명과 재산을 보호한다.
4. O, X, O, X, O
5. 성급하게 실시되어 준비가 부족했고 일본이 주도하여 국민들의 반발을 가져왔다.

03. 독립협회(1896)

1. 일본
2. 을미년에 일본이 왕비 민씨(명성황후)를 살해한 사건. 왕비 민씨가 일본의 영향력이 강해지자 러시아를 끌어들여 일본을 견제하려고 했기 때문에
3. 명성황후 시해와 더불어 을미개혁이 진행되면서 단발령이 시행되었다. 이에 백성들이 분노하여 을미의병을 일으켰다.
4. 고종이 러시아 공사관으로 피신한 사건 / 을미사변으로 인해 신변의 위협을 느꼈기 때문에
5. X, O, X, O, X

04. 대한제국 선포(1897)

1. 한 나라의 왕이 다른 나라의 공사관에 있는 것은 부끄러운 일이기 때문에
2. 중국의 황제나 일본의 천황과 같은 위치가 돼야 당당한 독립국이라고 생각해서
3. 고종 황제가 황제에 즉위한 것을 축하하기 위해(러시아 공사관에서 돌아온 것을 기뻐하는 마음, 이제 우리나라도 중국과 일본처럼 황제의 나라가 되어 좀더 당당해질 수 있을 것이라는 기대감 등 자유롭게 내 생각을 표현한다.)
4. 정치 – 황제 즉위식을 올리고 자주 국가임을 선포했다. / 경제 – 경제 발전을 위해 전기를 시설하고 철도, 공장, 은행 등을 세웠다. / 교육 – 여러 학교를 세워 전문적인 기술을 가르치고, 유학을 보냈다. / 사회 – 고종이 먼저 서양의 옷을 입고 관리들도 서양식 옷을 입게 하는 등 근대 문물을 받아들였다. 병원을 세우고 우편과 통신 시설의 근대화에도 힘썼다.

4차시 근대 문물의 수용 (33쪽~)

01. 의식주의 변화

1. 갑오개혁
2. 단발령
3. 우리나라는 남녀가 따로 밥을 먹었고 신분이 다르면 한 식탁에 앉지 못했지만, 서양식 식사 문화는 남녀 구별이나 신분 구별 없이 한자리에 둘러앉아 밥을 먹었다.
4. 석유
5. 등산, 남포등, 성냥

02. 전기와 전화의 도입

1. 경복궁 건청궁
2. 물불 – 물의 힘을 이용해 전기를 만들었기 때문에 / 묘화 – 불가사의한 기묘한 불이라는 뜻 / 건달불 – 자주 켜졌다 꺼졌다 했기 때문에
3. 궁중용으로 처음 설치되고, 이후 서울과 인천 사이에 개통되었다.
4. 어른을 직접 찾아뵙지 않고 얘기하는 것은 예의에 어긋난다고 생각했기 때문에
5. 임금에게 전화를 하는 신하를 그리고 있다.

03. 전차와 기차의 도입

1. 전기의 힘으로 땅을 달리는 차 / 청량리와 서대문 간을 운행했다.
2. 전기의 힘으로 스스로 달리는 차가 신기했기 때문에
3. ④
4. 경인선 : 노량진 – 제물포 / 경부선 : 서울 – 부산
   경의선 : 서울 – 신의주 / 호남선 : 대전 – 목포
   전라선 : 익산 – 여수 / 경춘선 : 서울 – 춘천
   중앙선 : 청량리 – 경주
5. 우리나라의 자원을 일본으로 편하게 가져가기 위해

04. 근대 교육의 도입

1. 함경도 덕원 주민들이 세운 원산학사
2. 대한제국 정부 – 나라를 이끌 뛰어난 인재들을 길러내기 위해
   애국단체와 애국지사 – 서양의 수탈에 맞서 민족 교육 운동을 하기 위해
   지역 주민 – 우리 지역에 도움을 줄 수 있는 인재들을 키우기 위해
   개신교 선교사 – 개신교 포교 활동을 위해
3. ③
4. 강한 나라를 지향해서(신체 건강한 개인이 사회를 발전시킬 수 있다고 봐서, 체력은 국력이다라는 생각이 널리 퍼져 있어서)
5. 자신이 다니고 있는 학교와 비교하여 지문의 내용을 참고하여 자유롭게 비교해 보세요.

기출문제풀어보기 1. ④ 2. ④ 3. ④ 4. ④ (43쪽)